AF268084

PRIM

ET LE

PRINCE DES ASTURIES

PARIS

IMPRIMERIE BALITOUT, QUESTROY ET Cie

7, RUE BAILLIF, ET RUE DE VALOIS, 13

PRIM

ET LE

PRINCE DES ASTURIES

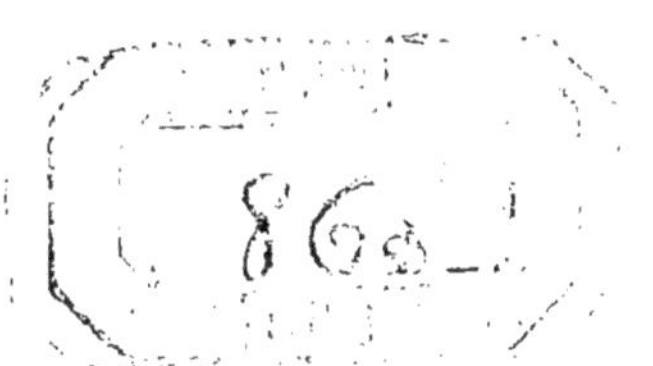

PARIS

E. DENTU, LIBRAIRE-ÉDITEUR

PALAIS-ROYAL, 17 ET 19, GALERIE D'ORLÉANS

1868

PRIM

ET LE

PRINCE DES ASTURIES

I

Ce sont décidément des Cortès constituantes.
qui vont avoir à se prononcer sur le sort de l'Espagne. Ainsi l'ont décidé les vainqueurs d'Alcolea, et, ce qu'il y a de plus étrange, le général
Prim lui-même.

Que le maréchal Serrano ait jugé qu'il n'y
avait rien de mieux à faire que de confesser
l'inutilité de sa conduite et l'impuissance où il
se trouve de la justifier par des actes, cela se
comprend ; mais que le marquis de los Castillejos, reconnu pour chef de la Révolution par ses
adversaires eux-mêmes, n'en profite pas dans un
sens radical, cela semble indiquer de sa part la
ferme mais prudente résolution de ne rien devoir

à la faction vicalvariste, dont l'actuel Président du Conseil est demeuré le drapeau.

Nous ne saurions trop approuver la résolution du général Prim. En se réservant de prendre devant les Cortès une attitude définitive, il prouve qu'il ne veut rien devoir qu'au Pays, et nous croyons pouvoir nous demander dès aujourd'hui, dans l'intérêt même du général, quelle devra être cette attitude.

Quels que soient les engagements qui ont motivé la désertion du maréchal Concha après la défaite encore énigmatique de l'héroïque Novaliches, dans quelque portefeuille que l'on ait fouillé pour déterminer à quitter les Canaries des généraux dont toutes les défections ont une taxe progressive au fur et à mesure de l'élévation de leur grade, taxe connue depuis l'origine de leur carrière, il est évident que le nombre des solutions possibles est restreint, et qu'à l'avance, les Princes capitalistes dont la main a commandité les traîtres doivent se résigner à une perte sèche.

Jamais le général Prim ne sera le sujet du duc de Montpensier : jamais il ne sera le sujet de l'ex-Prince époux de Portugal ; et il est à la fois trop Catalan, trop Espagnol pour offrir la couronne à un Prince anglais, dût ce Prince faire son entrée à Madrid, précédé des clefs de Gibraltar.

Nous ne voulons pas faire entrer ici en ligne de compte les obstacles internationaux qui s'opposeraient à la réussite de ces combinaisons. De tels obstacles ne sont pas de nature à arrêter les Espagnols. Ils se souviennent trop bien de la façon douce avec laquelle se conduisit l'Angleterre, lorsque Narvaez fit reconduire, dans une chaise de poste et entre deux gendarmes, l'ambassadeur de la Grande Bretagne au delà des Pyrénées.

Dans le cœur même des enfants du Cid existent d'insurmontables obstacles qui s'opposeraient à l'avénement du duc de Montpensier, du Saxe-Cobourg-portugais disponible. ou du prince Alfred d'Angleterre. En ce qui concerne ce dernier, nous ne croyons pas même avoir besoin de les énumérer. Qu'il nous suffise de rappeler que le prince Alfred est protestant; et passons. Quant au Cobourg-portugais, comment les calomniateurs de la vie privée d'Isabelle II pourraient-ils s'y prendre pour justifier la sienne ; et depuis quand les fils de Padilla en sont-ils réduits à jeter les yeux pour les gouverner sur un homme dont la nullité politique est le seul titre qu'on puisse invoquer en sa faveur? Il ne reste donc à nous occuper que du duc de Montpensier. Eh bien! jamais l'opposition directe de la cour des Tuileries ne suffirait pour effacer de la mémoire des Espagnols le souvenir du jour où ce Prince abandonna sa femme, pieds nus et en chemise, dans les appartements envahis des Tuileries; et celà pour fuir plus promptement l'insurrection qui détrônait son père.

On parle bien encore d'un archiduc d'Autriche dont le passage à Madrid aurait laissé des traces dans la mémoire des Madrilènes, sensibles aux reflets d'or des barbes blondes; mais il est douteux qu'un second Maximilien soit disposé à prendre la route d'un autre Queretaro.

Quant à la candidature un instant indiquée du Prince Napoléon, nous ne croyons pas que ce Prince ait songé un instant à y arrêter son esprit. Des fautes, trop nombreuses et trop précipitées pour ne pas frapper son attention, ouvrent à son ambition napoléonienne un autre champ que celui de l'Espagne, ou l'avertissent au moins du peu d'appui qu'il aurait à attendre de la France dans un avenir malheureusement rapproché. Le duc d'Aoste a, pour s'abstenir, des raisons identiques.

Les solutions admissibles du problème que le caprice d'un matelot mécontent a posé au Peuple espagnol ne sont donc pas nombreuses. Elles se bornent à la proclamation de la République, au protectorat du général Prim, à l'avénement de Don Carlos, ou à l'élévation au trône du prince des Asturies, avec la Régence du marquis de los Castillejos. En dehors de ces quatre solutions, tout est rêve ou chaos.

Nous allons examiner successivement les chances qu'elles ont de prévaloir, ainsi que les avantages ou les inconvénients qu'elles offrent au Peuple espagnol.

II

L'Espagne est encore moins préparée à la République en 1868, que la France ne l'était en 1848. Si d'antiques divisions entre ses provinces semblent indiquer des tendances fédéralistes, les convictions et les coutumes de chacune d'elles sont une protestation vivante contre les institutions républicaines. Nul ne pourra démontrer le contraire, ni établir que le fameux *sinon, non,* rappelé aux Souverains aragonais. soit un témoignage des sentiments républicains du peuple espagnol.

Quelques centaines d'hommes généreux, à la tête desquels marchent Rivero. Emilio Castelar et Christino Martos, professent, il est vrai, des idées très-avancées et très-justes au point de vue républicain. Nous ne parlons pas ici du marquis Orense d'Albaida. n'ayant pas généralement confiance dans les hommes dont le caractère et le titre ne sont pas en rapport avec les opinions. La meilleure preuve que puisse donner un Noble converti de sa loyauté républicaine, c'est le silence.

Les quelques centaines d'hommes au caractère desquels nous aimons à rendre en passant un sincère hommage, sont les premiers à reconnaître avec nous que la République. même fédérative, est impossible en Espagne. Or ils ont trop le sentiment de l'unité démocratique pour ne pas comprendre que la fédération serait un recul au lieu d'être un progrès.

Ils viennent, du reste. de déclarer qu'ils ne persisteront pas à réclamer la forme républicaine pour le Gouvernement à établir. si la majorité du Pays se prononce contre elle. Ils mettront le comble à leur générosité patriotique s'ils ne refusent pas leur concours à l'ordre de choses que vont créer les Cortès, et s'ils reconnaissent ainsi que l'abstention des hommes indépendants est ce qui ferait le mieux les affaires de leurs ennemis.

Ce qui doit les convaincre le plus que la République, telle qu'ils la comprennent et que nous la comprenons, est impossible en Espagne, ce ne sont ni les convictions ni les coutumes de leurs compatriotes, c'est l'existence des hommes qui, depuis le commencement du siècle, ont successivement pris une part quelconque à l'administration du Pays. Leur adhésion trop prompte serait l'arrêt de mort de la République espagnole, comme celle des hommes qui avaient exercé en France un emploi quelconque avant 1848 a été l'arrêt de mort de la seconde République française.

Les institutions républicaines ne pourraient avoir en Espagne quelques chances de stabilité qu'à la suite d'un cataclysme social dont il n'est pas à souhaiter qu'elle devienne le théâtre. Il est possible que l'aveuglement de ceux dont l'existence est un obstacle à la stabilité des institutions républicaines amène ce cataclysme, qui serait pour l'Europe un signal. Il faudrait le déplorer; mais, alors, l'heure des Rivero, des Castellar et des Martos aurait sonné avec le glas des Serrano, des Echague, des Dulce, et, il faut bien le dire, des Olozaga.

Que deviendrait en effet une République espagnole avec l'adhésion des hommes qui, nourris, enrichis, grandis par la Monarchie, ont scandalisé l'Europe du cynisme de leurs trahisons? Chaque année, chaque mois, un Ros de Olano quelconque, sous prétexte que ses enfants ont besoin d'une dot, renverserait le pouvoir dont il aurait sollicité la veille la confiance; et, chaque matin, un Dulce nouveau embrasserait le ministre dont il se proposerait de faire, le soir même, brûler les meubles et l'effigie sur la place publique.

L'Espagne républicaine sans cataclysme préparateur. Ce serait le Mexique transporté en Europe !

III

Le général Prim a pu être prodigue de lettres, on ne saurait nier qu'il ait été sobre de

déclarations. Devant les Cortès, cette sobriété
le servira. S'il sait leur exposer, avec conci-
sion, énergie et sagesse, le programme qu'il
nous a développé vingt fois, il n'y aurait rien
d'étonnant, surtout si l'on hésite entre les prétendants, à ce qu'on l'investisse d'une sorte de
pouvoir dictatorial équivalent à celui de Cromwel. Quelques-uns de ses amis vont même jusqu'à aspirer pour lui à l'Empire.

Nous l'aimons aussi sincèrement qu'ils disent
l'aimer. Voilà pourquoi nous souhaitons qu'il
n'ait jamais partagé leurs espérances. Il faut,
pour devenir César ou Napoléon, avoir été porté
par des circonstances exceptionnelles qui ont
fait défaut au général Prim, et avoir accompli
des actes dont l'occasion ne lui a pas été four-
nie. Les Empereurs sont créés par leurs vic-
toires ou par celles de ceux dont ils ont hérité.

Du jour où le général Prim souffrirait que sa
candidature au trône fût sérieusement posée, de
grand citoyen il passerait fantocche. Aussi n'a-
vons-nous à ce sujet aucune inquiétude. Le gé-
géral Prim ne rêve pas l'Empire.

Songer à la gloire de Washington et n'arriver
qu'à être un Cromwel de quelques mois, ou
tout au plus de quelques années, c'est là

plutôt qu'est pour lui l'écueil. Il ne s'y brisera pas, s'il est seulement aussi sage que les jeunes républicains dont nous l'engageons à ne pas dédaigner le concours. Son élévation à une dictature ou à une autorité quelconque, au nom d'un gouvernement républicain, serait le premier motif choisi par les hommes dont l'adhésion est plus redoutable que l'hostilité, pour anéantir l'œuvre commencée ; et, s'il n'avait promptement le sort d'Iturbide, il aurait assurément bientôt celui de Santa-Anna.

Qu'il jette un instant les yeux autour de lui. Dans l'ordre militaire, il ne peut plus compter ses envieux. Dans l'ordre civil, il doit lui suffire de voir Olozaga pour nous comprendre. S'il accepte des Cortès un pouvoir qui ne soit pas symbolisé par un enfant ou par un homme, le général Prim est perdu. De quel droit maintenant un homme sans passé viendrait-il prendre le premier rang à la tête d'une Révolution dont lui seul est le chef reconnu, acclamé, vrai ? Et cependant, il en serait ainsi dans le cas où Don Carlos quitterait, avec sa Cour, le logement étroit de la rue Lafayette pour aller occuper le palais de Madrid.

IV

Don Carlos a deux torts principaux à nos yeux : le premier, c'est d'être le fils de son père ; le second, c'est d'appartenir à cette maison d'Autriche qui, depuis près d'un siècle, est la cause ou la victime de tous les grands malheurs européens. Aux yeux des Espagnols, il en a un troisième, c'est d'être le démenti vivant de tout ce qu'ils ont affirmé au prix du plus précieux de leur sang depuis la mort de Ferdinand VII.

Or, en admettant que l'Espagne, fatiguée de trente-six années de luttes et d'hésitations, veuille en revenir à ses antiques institutions absolues, croit-elle que Don Carlos en soit le représentant? Non. Dieu, qui ne permet pas aux fleuves de remonter vers leur source, a voulu qu'en un jour le marbre d'une tombe recouvrît à jamais les derniers symboles de ces institutions éteintes.

Don Carlos n'est que le fils de D. Juan de Bourbon, plusieurs fois parjure et transfuge :

Don Carlos n'est que le parent de l'Empereur, qui permet en ce moment à M. de Beust de tuer en Autriche les institutions au nom desquelles, lui, Don Carlos, prétend au trône de Charles Quint. Qu'on lise, du reste, la notification adressée par le Souverain de la rue Lafayette à ses frères d'Europe, on reconnaîtra que son premier soin est de protester contre les idées qui pourraient seules lui donner le droit d'aspirer à la couronne d'Espagne.

Nous le disions un jour à Venise au Comte de Chambord : ce qui tue la famille des Bourbons bien autrement que les révolutions, c'est l'empressement que mettent depuis quelque temps ses membres à flatter et même à professer des opinions qui sont la négation même de leur droit. Qu'ils aient tort ou raison de le faire, nous n'avons pas à nous en occuper ici ; mais, s'ils ont raison, ils abdiquent ; et par conséquent toute tentative de leur part pour occuper le trône de leurs ancêtres est un acte incompatible avec leurs opinions nouvelles.

De même qu'il est à Madrid des hommes généreux, sincèrement dévoués aux idées républicaines, il en est d'autres qui ont conservé le culte du passé et qui, même sur les marches du trône constitutionnel, n'ont jamais caché leurs tendances rétrogrades. Les Nocedal, les Pezuela, les Calonge, iront-ils confier le soin de renouer la chaîne des temps au fils de l'ami de M. Telles de Lazeu, au parent du protecteur de M. de Beust, au Prince dont le premier soin est de déclarer qu'il s'empressera de transiger avec toutes les exigences du progrès moderne? Évidemment non, car transiger avec toutes les exigences du progrès moderne, c'est embrasser le général Dulce en arrivant à Madrid, au lieu de le faire pendre, ce qui serait conforme à la morale républicaine autant qu'à la morale royaliste, mais ce qui n'est pas conforme à ce que les prétendants, en quête de liste civile, entendent par le progrès moderne.

Le Souverain de la rue Lafayette ne peut servir qu'à seconder les desseins de la politique d'expédients qui a subventionné son père à Londres en qualité D'EN CAS DYNASTIQUE. Le vieux Cabrera ne s'y est pas trompé. Ce n'est pas pour servir cette politique qu'il ira réveiller, dans son sépulcre, sa mère endormie de l'éternel sommeil par le plomb constitutionnel. La candidature de Don Carlos pourra faire verser du sang; elle ne sera jamais sérieuse, et, dans tous les cas, avant qu'elle ait prévalu le général Prim serait mort.

V

Un jour, que nous nous trouvions à Madrid chez le marquis de los Castillejos avec l'aîné de nos enfants, le marquis appela son fils qui était sur le point de monter en voiture pour se rendre au Prado, où il était attendu par le petit Prince des Asturies. Le jeune Comte entra, vêtu de l'uniforme de l'infanterie espagnole dans laquelle il était sergent, et ayant à la main un fusil d'ordonnance proportionné à sa taille. Son père le plaça au port d'arme et lui fit exécuter la charge en douze temps avec une précision remarquable ; puis l'ayant embrassé ainsi que nous, il lui dit :

« Va ; le Prince t'attend. »

L'enfant sauta dans la voiture. Quelques minutes après, la curiosité nous ayant poussé à l'endroit où le général Prim nous avait dit qu'on attendait son fils, nous vîmes les deux petits sergents, car le Prince avait alors le même grade que le Comte, faisant gravement ensemble l'exercice sous les ordres d'un vieux soldat, et ne s'arrêtant que pour s'embrasser et rire.

Eh bien! nous disons aujourd'hui au général Prim, ce que le général dit alors à son fils devant nous : — « Va, le Prince t'attend; » et nous soutenons que, de toutes les candidatures au trône d'Espagne mises en avant aujourd'hui, la seule possible, la seule honnête, la seule profitable au Pays, la seule compatible avec les antécédents du véritable chef actuel des Espagnols, la seule pouvant être admise sans observations par l'Europe, la seule féconde, la seule présentant des garanties de toutes sortes, est celle du Prince des Asturies, fils aîné d'Isabelle II, encore à ce jour Reine d'Espagne de par les votes de toutes les assemblées constituantes qui ont siégé à Madrid depuis la mort de Ferdinand VII.

La candidature du Prince des Asturies est la seule possible, parce qu'elle est la seule devant laquelle la Reine puisse abdiquer sans regretter de n'avoir jamais pu faire faire par ses ministres le bonheur du Peuple qu'elle a tant aimé ; parce qu'elle est la seule qui réunira la presque unanimité des votes, si on ose avoir recours au suffrage universel ; parce qu'elle est la seule au nom de laquelle les hommes de tous les partis puissent enfin cimenter une alliance qui leur permette d'en finir avec les misérables et les traîtres auxquels l'Espagne doit ses malheurs.

Elle est la seule honnête, car elle est la seule qui signifie que le Pays n'attribue pas à Isabelle II une responsabilité qu'elle ne saurait encourir. Aux termes de toutes les Constitutions qui lui ont été imposées, la Reine n'a jamais signé un décret qui ne lui ait été présenté par un ministre, affirmant, sous sa responsabilité et sous celles de ses collègues, que ce décret devait être signé pour le bien de l'Espagne. Devant les Cortès, il va bien falloir qu'ils parlent, les ministres successivement investis de sa confiance ; qu'ils déclarent par quels moyens violents et dans quel but cette nouvelle Catherine les a contraints à n'être que des Mentchikoff, ou qu'ils confessent, enfin, que si Serrano a eu raison à Alcolea, que si Topete a eu raison à Cadix, ce ne peut être que contre eux et non pas contre elle. Approchez maréchaux Concha ; approchez Espartero, Rios Rosas, et Serrano vous-même ; approchez et éclairez-nous !

Elle est la seule profitable au Pays, toutes

les autres ne pouvant aboutir qu'à la guerre civile et, par conséquent, à la ruine. Propriétés privées, établissements de crédit, chemins de fer, usines naissantes, commerce international, entreprises de toutes natures et de toutes sortes, travail quotidien, voilà ce qui disparaît ou s'écroule si le Prince des Asturies n'est pas acclamé. Les relations diplomatiques suspendues sont, au contraire, renouées de suite, et avec elles les transactions, si cette candidature l'emporte. Quant aux garanties qu'elle offre, nul n'en peut discuter l'efficacité, puisque tous seront appelés à en déterminer l'étendue, après avoir constaté que l'origine du Prince lui fait une loi de les accorder toutes. L'Espagne est appelée à faire un Roi. Comment le mieux faire qu'en l'élevant pour elle chez elle, et en lui donnant pour tuteur l'homme en qui elle a placé toute sa confiance et mis toute sa force?

VI

Il nous reste à démontrer que la candidature du Prince des Asturies est la seule compatible avec les antécédents du général Prim ; la seule qui lui permette de répondre aux espérances que son triomphe a fait concevoir à ses partisans, sans l'exposer à l'exil ou à la mort.

La carrière du marquis de los Castillejos est assez connue pour que nous n'ayons pas ici à en rappeler les phases. Il a largement payé à l'Espagne les honneurs dont on l'a comblé; mais c'est à la Reine qu'il doit d'avoir pu les conquérir. Tous les sophismes ne pourraient pas justifier un oubli de sa part sur ce point. Nous pourrions, du reste, énumérer ici vingt traits de sa vie privée témoignant de la gratitude qu'il doità la femme, et non pas seulement à la Souveraine agissant au nom du Pays. Lors de son mariage, lors du baptême de son fils, ce n'est pas la Reine qui a été bonne, c'est Isabelle. Les Dulce, les Serrano, les Ros de Olano peuvent ne pas se souvenir, Prim n'oubliera pas.

Mais il s'est révolté comme les autres? Nous croyons pouvoir établir à ce sujet une différence entre lui et les hommes dont le nom seul nous indigne. Dans cette différence est le salut de la Péninsule, puisqu'elle permet au général Prim de devenir le bras et l'épée du jeune Prince sans démentir son passé, mais en en confirmant au contraire tous les actes.

Jamais le général Prim n'a été ministre. Il n'a donc pas commis l'inconséquence impardonnable de combattre un ordre de choses à la création duquel il aurait participé. Il a au contraire prêté, comme soldat, son concours au Pays, et sans faire attention aux opinions des hommes responsables, toutes les fois qu'il s'est agi d'actes dans lesquels l'esprit de parti ne devait pas l'emporter sur le patriotisme.

Aussi est-il devenu l'espoir, non d'une faction politique, mais du Pays tout entier, et a-t-il toujours symbolisé l'Espagne, lorsque tant d'autres n'aspiraient qu'à symboliser le modérantisme, le vicalvarisme ou le radicalisme. De là, l'opposition faite à son avénement par les chefs de tous les partis, toujours d'accord sur la nécessité de l'exclure, tant qu'on voudrait faire prévaloir l'esprit de parti sur le patriotisme.

Tous les moyens ont été bons pour l'écarter du pouvoir, depuis la douceur jusqu'à la violence, depuis l'astuce jusqu'à la menace. Tantôt Narvaez a réclamé sa tête, tantôt il l'a investi des fonctions les plus hautes; tantôt l'Union libérale a massacré ses partisans dans les rues de Madrid, tantôt elle l'a chargé d'une des Directions les plus importantes de l’armée. Le plus souvent modérés et vicalvaristes l’ont envoyé à l’étranger. C’est même à une mission en Crimée qu’il doit de ne jamais avoir trempé dans cette conspiration anti-espagnole qui, sous le nom d’Union libérale, a miné le trône d’Isabelle II par la calomnie et par la trahison.

Toujours appelé au nom du Pays, Prim s’est toujours rendu aux appels qui lui ont été faits. Jamais il n’a manqué à ses partisans, c’est à lui qu’on a souvent manqué; mais, dans tous les cas il s’est alors contenté de constater qu’il avait exposé sa vie, sans risquer le sang de personne pour ajouter à sa gloire un de ces lauriers éphémères qui, donnés par la main de la guerre civile, sont tôt ou tard arrachés par elle.

A la tête des armées de son Pays, il combat à Castillejos autant en vaillant soldat qu’en général habile. Espérance des Espagnols, chef appelé de la nation, il évite d’être à Alcolea, et arrive à Madrid par Barcelone, pur du sang de Novaliches, porté sur les bras du Peuple. S’il condamne, dans un cri dont il lui reste à définir la portée, les idées absolutistes réduites aux proportions d’un programme de parti, par les conseillers responsables d’une Souveraine que lui n’a jamais conseillé, il refuse d'obtempérer à l'ordre d'une foule égarée, quand elle lui ordonne d'arracher, pour la fouler aux pieds, la couronne et l'écusson royal de sa casquette militaire.

Serrano et Olozaga n'ont d'autre titre au pouvoir que l'impuissance dont ils ont fait preuve chaque fois qu'ils l'ont exercé. Prim a pour titre sa virginité politique, qui lui permet de résumer en lui les aspirations de tout un Peuple, désireux enfin de se soustraire à l'égoïsme des partis pour réaliser pratiquement, et au profit de tous, l'ensemble des progrès compatibles avec les intérêts de chacun.

Le marquis de los Castillejos est le seul qui puisse en ce moment réunir dans sa main celle de Castelar, celle de Pezuela et celle de Sartorius, pour en composer un faisceau patriotique susceptible de soustraire l'Espagne à l'influence de l'Angleterre et de la France, d'augmenter le prestige extérieur de la patrie, tout en réalisant son bien-être intérieur. Le foyer de Prim est ouvert à toutes les bonnes volontés, dont pas une n'hésitera à s'y donner rendez-vous, du jour où il aura franchement exposé aux Cortès sa résolution d'être *espanol sobre todo,*

Il s'agit de former un Alphonse le Sage ; et, nous le croyons en vérité, Prim aura été plus grand que tous les hommes dont on cherche à le rendre jaloux, s'il peut dire à son fils, quand il aura vingt ans :

« J'ai sauvé l'Espagne de l'anarchie, en créant
» un Souverain digne d'elle. L'âge du repos sans
» remords est venu pour moi. Prends, non plus
» ton fusil de sergent, mais ton épée de capi-
» taine, pour me remplacer à sa droite. Va, le
» Roi t'attend ! »

VII

Nous avons voulu indiquer brièvement l'unique solution qui puisse empêcher l'Espagne d'être avant peu livrée aux horreurs de l'anarchie. Pour bien comprendre à quel point nous sommes dans le vrai, dans le juste, dans le sens pratique de la question, il serait nécessaire que nos lecteurs connussent parfaitement l'histoire des hommes et des choses de la Péninsule, depuis le jour où Ferdinand VII, qui avait le bon sens de Louis XVIII, voulut, dans l'intérêt de ses peuples, que sa couronne passât sur la tête de sa fille.

On jugerait différemment Isabelle II, si on connaissait toutes les particularités de son règne et toutes les influences qui ont tenté de l'absorber, depuis son berceau, au bénéfice des intérêts les plus divers, souvent les plus méprisables.

C'est d'abord la Reine Christine, dont la mission politique se ressent des entraînements privés que lui impose son amour pour un homme dont il faut aussi juger le caractère.

C'est ensuite le Régent Espartero, soldat doublé de grec, qui en est encore à se demander à Logrono si, malgré ses quatre-vingts années, l'avenir ne lui réserve pas de nouvelles apothéoses sans péril.

C'est, plus tard, Olozaga, qui vient de se proclamer anti-dynastique de naissance, et qui, chargé du ministère à la majorité de la Reine, lui meurtrit la main pour l'obliger à signer le décret qui lui permet, comme aux Rois, de porter la Toison d'or.

C'est, après lui, Serrano, qui, devenu un jour ministre universel par la grâce d'une intrigue anglaise et comme récompense d'avoir seul combattu au Sénat la venue en Espagne du Duc de Montpensier, dont il est aujourd'hui le champion, ne sut aboutir qu'au gouvernement de Grenade pour rebondir ensuite, de *pronunciamientos* en *pronunciamientos,* jusqu'au pied du lit de Novaliches, devant lequel il dut bien rougir ; et cela, après avoir dirigé personnellement, dans les rues de Madrid, le massacre de trois cents artilleurs et de six cents citoyens, dont le seul crime était de vouloir que Prim sauvât la Monarchie en devenant ministre.

C'est Narvaez, l'héroïque capitaine, mais le politique sans portée, dont l'influence eût cependant sauvé l'Espagne si son talent avait été à la hautenr de son caractère.

C'est O'Donnel, l'homme qui nous affirmait à Vicalvaro son dévouement à l'union ibérique et qui, quelques jours après, sollicitait de la Reine, au nom de son amour pour elle, l'autorisation de se venger sur Espartero de n'avoir pas pu la détrôner tranquillement.

C'est Sartorius, un sphinx de l'avenir, dont le duc de Rianzares n'a pu parvenir à deviner entièrement l'énigme.

Ce sont les Conchas, que le nom de Léon fait tressaillir, qui se retournent au pseudonyme d'Antonio, et ne sont jamais là quand il s'agit de combattre.

C'est Gonzalez Bravo, l'homme énergique dont le passé a entravé le présent et qui, forçat de ses pamphlets d'autrefois, n'a pu en amortir le bruit sur les tapis du ministère.

C'est Bravo-Murillo. C'est Miraflores. C'est Martinez de la Rosa. C'est le duc de Rivas.

Ce sont les financiers Bruil, Salaverria et Barzanallana qui, ayant commencé comme Colbert, ont fini comme Mendizabal.

Ce sont, dans la coulisse, les financiers de tous les Almanzors et de tous les Fracasses, à la fois entrepreneurs de théâtre, de chemins de fer et de *pronunciamientos*, tamis à travers lesquels filtrent les eaux les plus troubles, et qui ne laissent rien échapper de la fange qu'elles entraînent.

C'est Madoz, l'homme de *la Peninsular*, Escosura, l'homme *del Diccionario*, et tant d'autres parvenus, comblés des faveurs de la Reine, dont l'unique préoccupation a toujours été de savoir comment ils pourraient éviter de reconnaître les bienfaits qu'ils en ont reçu.

Ce sont enfin les Novaliches, les Cheste, les Calonge; et ces amis de la dernière heure, ayant suivi leur Souveraine en exil sans s'étonner que l'honneur d'en partager l'infortune dût être payé, à une époque comme la nôtre, par la calomnie, l'injure et la ruine.

Et, derrière tout cela, le plus généreux des peuples, n'ayant d'autre défaut qu'une crédulité enthousiaste dont on a profité pour lui faire haïr ceux qu'il aurait dû suivre. Qu'un homme énergique désigne à ce peuple ceux qui ont abusé de ses entraînements pour le perdre; qu'il le pousse à s'en délivrer; et l'Espagne, sauvée des partis, redeviendra une grande nation. C'est là l'œuvre qu'on attend de Prim et qu'il ambitionne de réaliser. En l'accomplissant, il prouvera qu'il n'est pas l'homme d'un parti, mais le représentant d'un peuple.

Paris. — Imp. BAILLÉUT, QUESTROY et C⁰, rue Baillif, 7.

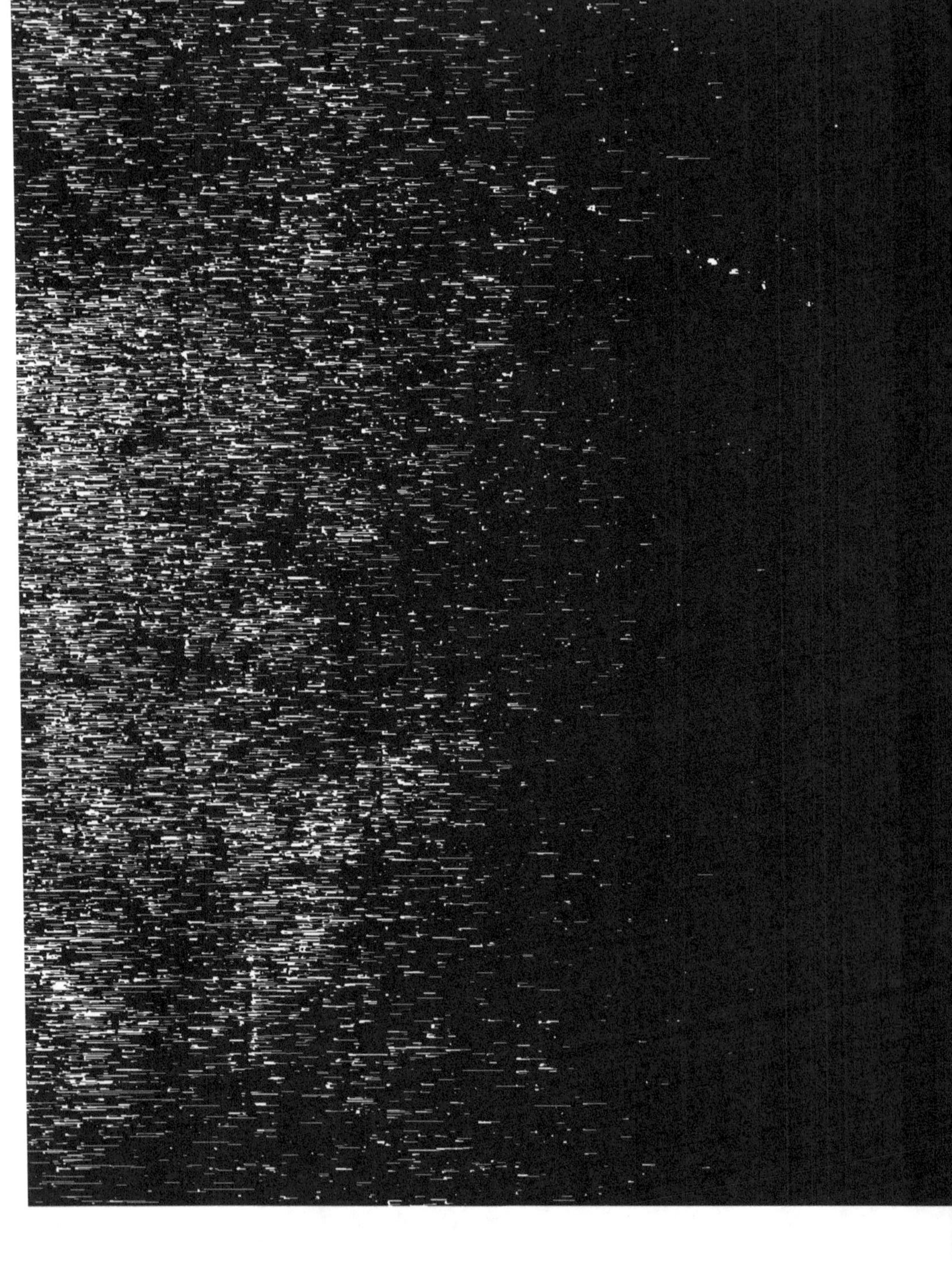